Have you ever wondered why some p
handwriting while others look like scratches that only an
archaeologist could decipher? People aren't just naturally born
writing well. We all start at the same place, but some of us
take it to the next level with diligence and practice, lots and
lots of practice.

I am here to tell you there is good news! It is not too late
to improve your handwriting. Whether you are just getting
started in handwriting or have been writing your whole life,
today is a new beginning and your handwriting can be better
than ever. Doing a little every day can make an enormous
difference in your style and form. Take this book wherever you
find yourself in a waiting room, watching TV, on a road trip,
or just relaxing. Don't get too stressed about doing it perfectly
at first. The most important thing is to get a good foundation,
build confidence and then develop your technique using the
forms provided.

There are many variations of cursive writing but a basic
one is used here. As you develop your technique, you can then
try other styles to incorporate into your basic style.

Thank you for letting me guide you on this journey. An
additional blank notebook is available when you are ready to
practice what you've learned and try new styles.

Here's to your newfound skill,

Nami Nakamura

Improve Your Handwriting:
A Workbook for Adults and Teens
by Nami Nakamura
© 2019 Nami Nakamura

How to Use this Book

Thank you for purchasing this book. Buying this book is the first step in expressing your desire to improve your handwriting. Desire and effort are key.

The first part of this book has letter forms for you to trace. Take your time in tracing them so you can get a feel for the shape, pattern and develop a rhythm in your strokes.

Use a pen or pencil that writes smoothly and allows you to see your drawn lines. After the initial letter form pages, there are partial letter forms with blank lines so you can practice the letters on your own. The latter half of the book are blank lined pages so you can practice writing whatever you want. Start by writing your name, both first and last. Practice this a lot because it will be the most written words you will ever write.

You can then copy words from books, verses, poems, lists or more names. Write slowly and intentionally. Once you get a strong basis for your handwriting your speed will increase as well as your accuracy in getting the results you want.

After you've developed your skill and confidence, keep practicing. A blank line handwriting notebook is available for you to keep up your practice. Just like anything else practice is key and should be done often.

I hope you enjoy this art form, gain confidence and develop a love for your own writing.

For additional books by Nami Nakamura go to denamistudio.com.

AAAAAAAAAAAAAAAAAAAAAA

BBBBBBBBBBBBBBBBBB

CCCCCCCCCCCCCCCCCCCCCC

DDDDDDDDDDDDDDDDDDDD

EEEEEEEEEEEEEEEEEEEEEEEE

FFFFFFFFFFFFFFFFFFFFFFFF

GGGGGGGGGGGGGGGGGGGGGG

HHHHHHHHHHHHHHHHHHHH

llllllllllllllllllllllll

JJJJJJJJJJJJJJJJJJJJJJJJJ

KKKKKKKKKKKKKKKKKKK

LLLLLLLLLLLLLLLLLLLL

mmmmmmmmmmmmmmmmm

nnnnnnnnnnnnnnnnnnnnnnn

OOOOOOOOOOOOOOOOOOOO

PPPPPPPPPPPPPPPPPPPPPPP

QQQQQQQQQQQQQQQQQQQQQQ

RRRRRRRRRRRRRRRRRRRRRR

AAAAAAAAAAAAAAAAAAAAAA

BBBBBBBBBBBBBBBBBBBBBBB

CCCCCCCCCCCCCCCCCCCCCCC

DDDDDDDDDDDDDDDDDDDDDD

EEEEEEEEEEEEEEEEEEEEEEEE

FFFFFFFFFFFFFFFFFFFFFF

GGGGGGGGGGGGGGGGGGGGG

HHHHHHHHHHHHHHHHHHHHH

IIIIIIIIIIIIIIIIIIIIIIIIIII

JJJJJJJJJJJJJJJJJJJJJJJJJ

KKKKKKKKKKKKKKKKKKKKK

LLLLLLLLLLLLLLLLLLLLLL

mmmmmmmmmmmmmmmmmmmm

nnnnnnnnnnnnnnnnnnnnnnn

OOOOOOOOOOOOOOOOOOOOOO

PPPPPPPPPPPPPPPPPPPPPPP

QQQQQQQQQQQQQQQQQQQQQ

RRRRRRRRRRRRRRRRRRRRRR

a a a a a a a a a a a a a a a a a a a a a a a a

B B B B B B B B B B B B B B B B B B B B

C C C C C C C C C C C C C C C C C C C C C

D D D D D D D D D D D D D D D D D D D D D D

E E E E E E E E E E E E E E E E E E E E E E

A A A A A A A A A A A A A A A A A A A A A

G G G G G G G G G G G G G G G G G G G G G

H H H H H H H H H H H H H H H H H H H H

l l l l l l l l l l l l l l l l l l l l l l l l

J J J J J J J J J J J J J J J J J J J J J J

K K K K K K K K K K K K K K K K K K K K K

L L L L L L L L L L L L L L L L L L L L

m m m m m m m m m m m m m m m m m m m m m

n n n n n n n n n n n n n n n n n n n n n n n n

O O O O O O O O O O O O O O O O O O O O O O

P P P P P P P P P P P P P P P P P P P P P P P P

Q Q Q Q Q Q Q Q Q Q Q Q Q Q Q Q Q Q Q Q Q Q Q

R R R R R R R R R R R R R R R R R R R R R R

AAAAAAAAAAAAAAAAAAA

BBBBBBBBBBBBBBBBBBB

CCCCCCCCCCCCCCCCCCCC

DDDDDDDDDDDDDDDDDDDD

EEEEEEEEEEEEEEEEEEEE

FFFFFFFFFFFFFFFFFFFF

GGGGGGGGGGGGGGGGGGG

HHHHHHHHHHHHHHHHHHH

IIIIIIIIIIIIIIIIIIII

JJJJJJJJJJJJJJJJJJJJ

KKKKKKKKKKKKKKKKKKK

LLLLLLLLLLLLLLLLLLL

MMMMMMMMMMMMMMMMMM

NNNNNNNNNNNNNNNNNNN

OOOOOOOOOOOOOOOOOOOO

PPPPPPPPPPPPPPPPPPPP

QQQQQQQQQQQQQQQQQQQ

RRRRRRRRRRRRRRRRRRR

AAAAAAAAAAAAAAAAAAAAA

BBBBBBBBBBBBBBBBBBBBB

CCCCCCCCCCCCCCCCCCCCCC

DDDDDDDDDDDDDDDDDDDD

EEEEEEEEEEEEEEEEEEEEEE

FFFFFFFFFFFFFFFFFFFF

GGGGGGGGGGGGGGGGGGGG

HHHHHHHHHHHHHHHHHHHH

IIIIIIIIIIIIIIIIIIIIIIII

JJJJJJJJJJJJJJJJJJJJJJJJJ

KKKKKKKKKKKKKKKKKKKKK

LLLLLLLLLLLLLLLLLLLLL

MMMMMMMMMMMMMMM

NNNNNNNNNNNNNNNNNN

OOOOOOOOOOOOOOOOOOOOO

PPPPPPPPPPPPPPPPPPPPP

QQQQQQQQQQQQQQQQQQQQ

RRRRRRRRRRRRRRRRRRRRRR

SSSSSSSSSSSSSSSSSS

TTTTTTTTTTTTTTTTTT

UUUUUUUUUUUUUUUUUU

VVVVVVVVVVVVVVVVVV

WWWWWWWWWWWWWWWWWW

XXXXXXXXXXXXXXXXXX

YYYYYYYYYYYYYYYYYY

3333333333333333333333

1234567891012345678910012345

1234567891012345678910012345

1234567891012345678910012345

1234567891012345678910012345

1234567891012345678910012345

1234567891012345678910012345

1234567891012345678910012345

1234567891012345678910012345

1234567891012345678910012345

SSSSSSSSSSSSSSSSSSSSSSSS

TTTTTTTTTTTTTTTTTTTTTTTT

UUUUUUUUUUUUUUUUUUUUUUUU

VVVVVVVVVVVVVVVVVVVVVVVV

WWWWWWWWWWWWWWWWWWWWWWW

XXXXXXXXXXXXXXXXXXXXXXXX

yyyyyyyyyyyyyyyyyyyyyyyy

zzzzzzzzzzzzzzzzzzzzzzzz

12345678910123456789101 2345

12345678910123456789101 2345

12345678910123456789101 2345

12345678910123456789101 2345

12345678910123456789101 2345

12345678910123456789101 2345

12345678910123456789101 2345

12345678910123456789101 2345

12345678910123456789101 2345

SSSSSSSSSSSSSSSSSSSSS

TTTTTTTTTTTTTTTTTTTTTTT

UUUUUUUUUUUUUUUUUUUU

VVVVVVVVVVVVVVVVVVV

WWWWWWWWWWWWWWW

XXXXXXXXXXXXXXXXXXX

YYYYYYYYYYYYYYYYYYYYYY

ZZZZZZZZZZZZZZZZZZZZZ

12345678910123456789101234 5

12345678910123456789101234 5

12345678910123456789101234 5

12345678910123456789101234 5

12345678910123456789101234 5

12345678910123456789101234 5

12345678910123456789101234 5

12345678910123456789101234 5

12345678910123456789101234 5

SSSSSSSSSSSSSSSSSSSSSSSS

TTTTTTTTTTTTTTTTTTTTTT

UUUUUUUUUUUUUUUUUUUU

VVVVVVVVVVVVVVVVVVVVVV

WWWWWWWWWWWWWWWW

XXXXXXXXXXXXXXXXXXXX

YYYYYYYYYYYYYYYYYYYY

ZZZZZZZZZZZZZZZZZZZZZZ

1234567891012345678910 12345

1234567891012345678910 12345

1234567891012345678910 12345

1234567891012345678910 12345

1234567891012345678910 12345

1234567891012345678910 12345

1234567891012345678910 12345

1234567891012345678910 12345

1234567891012345678910 12345

SsSsSsSsSsSsSsSsSsSsSsSsSsSsSsSsSs

TtTtTtTtTtTtTtTtTtTtTtTtTtTtTtTtTt

UuUuUuUuUuUuUuUuUuUuUuUuUuUuUu

VvVvVvVvVvVvVvVvVvVvVvVvVvVvVvVv

WwWwWwWwWwWwWwWwWwWwWwWwWw

XxXxXxXxXxXxXxXxXxXxXxXxXxXxXxXx

YyYyYyYyYyYyYyYyYyYyYyYyYyYyYy

ZzZzZzZzZzZzZzZzZzZzZzZzZzZzZz

12345678910123456789101234 5

12345678910123456789101234 5

12345678910123456789101234 5

12345678910123456789101234 5

12345678910123456789101234 5

12345678910123456789101234 5

12345678910123456789101234 5

12345678910123456789101234 5

12345678910123456789101234 5

SSSSSSSSSSSSSSSSSS

TTTTTTTTTTTTTTTTTTTTTT

UUUUUUUUUUUUUUUUUUUU

VVVVVVVVVVVVVVVVVVVV

WWWWWWWWWWWWWWWW

XXXXXXXXXXXXXXXXXX

yyyyyyyyyyyyyyyyyyyy

3333333333333333333333

12345678910123456789101345

12345678910123456789101345

12345678910123456789101345

12345678910123456789101345

12345678910123456789101345

12345678910123456789101345

12345678910123456789101345

12345678910123456789101345

12345678910123456789101345

12345678910123456789101345

aaaaaaaaaaaaaaaaaaaaaaaaaaaaaa

bbbbbbbbbbbbbbbbbbbbbbbbbbbbbb

ccccccccccccccccccccccccccccc

dddddddddddddddddddddddddddd

eeeeeeeeeeeeeeeeeeeeeeeeeeeeee

ffffffffffffffffffffffffffffff

gggggggggggggggggggggggggggg

hhhhhhhhhhhhhhhhhhhhhhhhhhh

iiiiiiiiiiiiiiiiiiiiiiiiiiiiiii

jjjjjjjjjjjjjjjjjjjjjjjjjjjjjj

kkkkkkkkkkkkkkkkkkkkkkkkkk

llllllllllllllllllllllllllllll

mmmmmmmmmmmmmmmmmmmmmm

nnnnnnnnnnnnnnnnnnnnnnnnnn

oooooooooooooooooooooooooooo

pppppppppppppppppppppppppppp

qqqqqqqqqqqqqqqqqqqqqqqqqqqq

rrrrrrrrrrrrrrrrrrrrrrrrrrrrrr

aaaaaaaaaaaaaaaaaaaaaaaaaaaaaaaaaaaa

bbbbbbbbbbbbbbbbbbbbbbbbbbbbbbbbbb

ccccccccccccccccccccccccccccccccc

dddddddddddddddddddddddddddddddd

eeeeeeeeeeeeeeeeeeeeeeeeeeeeeeeeee

ffffffffffffffffffffffffffffffffffff

gggggggggggggggggggggggggggggggg

hhhhhhhhhhhhhhhhhhhhhhhhhhhhh

ii

jjjjjjjjjjjjjjjjjjjjjjjjjjjjjjjjjjjjjjj

kkkkkkkkkkkkkkkkkkkkkkkkkkkkkkk

ll

mmmmmmmmmmmmmmmmmmmmmmm

nnnnnnnnnnnnnnnnnnnnnnnnnnnn

oooooooooooooooooooooooooooooooo

pppppppppppppppppppppppppppppppp

qqqqqqqqqqqqqqqqqqqqqqqqqqqqqqqq

rrrrrrrrrrrrrrrrrrrrrrrrrrrrrrrrrrrr

aa

bbbbbbbbbbbbbbbbbbbbbbbbbbbbbbbbbb

cccccccccccccccccccccccccccccccccccccc

dddddddddddddddddddddddddddddddddddd

ee

ff

gggggggggggggggggggggggggggggggggggg

hhhhhhhhhhhhhhhhhhhhhhhhhhhhhhhhhhXX

ii

jjj

kkkkkkkkkkkkkkkkkkkkkkkkkkkkkkkkkkk

lll

mmmmmmmmmmmmmmmmmmmm

nnnnnnnnnnnnnnnnnnnnnnnnnnnnnn

oooooooooooooooooooooooooooooooooooooo

pppppppppppppppppppppppppppppppppp

qqqqqqqqqqqqqqqqqqqqqqqqqqqqqqqqqqqq

rrr

aaaaaaaaaaaaaaaaaaaaaaaaa

bbbbbbbbbbbbbbbbbbbbbbbbb

ccccccccccccccccccccccc

ddddddddddddddddddddddddd

eeeeeeeeeeeeeeeeeeeeeeee

fffffffffffffffffffffffff

ggggggggggggggggggggggg

hhhhhhhhhhhhhhhhhhhhhhhhh

iiiiiiiiiiiiiiiiiiiiiiiii

jjjjjjjjjjjjjjjjjjjjjjjjj

kkkkkkkkkkkkkkkkkkkkkkk

lllllllllllllllllllllllll

mmmmmmmmmmmmmmmmmmmm

nnnnnnnnnnnnnnnnnnnnnnnn

ooooooooooooooooooooooooo

ppppppppppppppppppppppp

qqqqqqqqqqqqqqqqqqqqqqq

rrrrrrrrrrrrrrrrrrrrrrrrr

aaaaaaaaaaaaaaaaaaaaaaaaaaaaaaa

bbbbbbbbbbbbbbbbbbbbbbbbbb

cccccccccccccccccccccccccccccc

ddddddddddddddddddddddddddd

eeeeeeeeeeeeeeeeeeeeeeeeeeeee

ffffffffffffffffffffffffffffff

ggggggggggggggggggggggggggg

hhhhhhhhhhhhhhhhhhhhhhhhhh

iiiiiiiiiiiiiiiiiiiiiiiiiiiiii

jjjjjjjjjjjjjjjjjjjjjjjjjjjjjj

kkkkkkkkkkkkkkkkkkkkkkkkkk

llllllllllllllllllllllllllllll

mmmmmmmmmmmmmmmmmmm

nnnnnnnnnnnnnnnnnnnnnnnn

oooooooooooooooooooooooooooo

pppppppppppppppppppppppppp

qqqqqqqqqqqqqqqqqqqqqqqqq

rrrrrrrrrrrrrrrrrrrrrrrrrrrrrr

a a a a a a a a a a a a a a a a a a a a a a a a a a a a a a

b b b b b b b b b b b b b b b b b b b b b b b b b b b b

c c c c c c c c c c c c c c c c c c c c c c c c c c c c c c c

d d d d d d d d d d d d d d d d d d d d d d d d d d d d d d d

e e e e e e e e e e e e e e e e e e e e e e e e e e e e e e e e

f f f f f f f f f f f f f f f f f f f f f f f f f f f f f f f f f f f f

g g g g g g g g g g g g g g g g g g g g g g g g g

h h h h h h h h h h h h h h h h h h h h h h h h h h h h

i i i i i i i i i i i i i i i i i i i i i i i i i i i i i i i i i i i

j j j j j j j j j j j j j j j j j j j j j j j j j j j j j j j j

k k k k k k k k k k k k k k k k k k k k k k k k k k k

l l l l l l l l l l l l l l l l l l l l l l l l l l l l l l l l l l l l l

m m m m m m m m m m m m m m m m m m m m m m

n n n n n n n n n n n n n n n n n n n n n n

o o o o o o o o o o o o o o o o o o o o o o o o o o o o o o o

p p p p p p p p p p p p p p p p p p p p p p p p p p p p

q q q q q q q q q q q q q q q q q q q q q q q q q q q q

r r r r r r r r r r r r r r r r r r r r r r r r r r r r r r r r r r r ss

tt

uuu

vv

wwwwwwwwwwwwwwwwwwwwwwwwwwwwwwwwwwww

xxxxxxxxxxxxxxxxxxxxxxxxxxxxxxxxxxx

yyyyyyyyyyyyyyyyyyyyyyyyyyyyyyyyyyyy

zz

1234567891012345678910123 45

1234567891012345678910123 45

1234567891012345678910123 45

1234567891012345678910123 45

1234567891012345678910123 45

1234567891012345678910123 45

1234567891012345678910123 45

1234567891012345678910123 45

1234567891012345678910123 45

1234567891012345678910123 45

sss

ttt

uuu

vvv

wwwwwwwwwwwwwwwwwwwwwwwwwwwwwwwwwwww

xxxxxxxxxxxxxxxxxxxxxxxxxxxxxxxxxx

yyyyyyyyyyyyyyyyyyyyyyyyyyyyyyyyyy

zzz

1234567891012345678910123 45

1234567891012345678910123 45

1234567891012345678910123 45

1234567891012345678910123 45

1234567891012345678910123 45

1234567891012345678910123 45

1234567891012345678910123 45

1234567891012345678910123 45

1234567891012345678910123 45

1234567891012345678910123 45

vv

ww

uu

vv

www

xxx

yyy

zz

12345678910123456789101234 5

12345678910123456789101234 5

12345678910123456789101234 5

12345678910123456789101234 5

12345678910123456789101234 5

12345678910123456789101234 5

12345678910123456789101234 5

12345678910123456789101234 5

12345678910123456789101234 5

s s s s s s s s s s s s s s s s s s s s s s s s s

t t t t t t t t t t t t t t t t t t t t t t t t

u u u u u u u u u u u u u u u u u u u u u u u u

v v v v v v v v v v v v v v v v v v v v v v v v

w w w w w w w w w w w w w w w w w w w w w w w

x x x x x x x x x x x x x x x x x x x x x x x

y y y y y y y y y y y y y y y y y y y y y y y y y y y

z z z z z z z z z z z z z z z z z z z z z z z z z z z z

1 2 3 4 5 6 7 8 9 10 1 2 3 4 5 6 7 8 9 10 1 2 3 4 5

1 2 3 4 5 6 7 8 9 10 1 2 3 4 5 6 7 8 9 10 1 2 3 4 5

1 2 3 4 5 6 7 8 9 10 1 2 3 4 5 6 7 8 9 10 1 2 3 4 5

1 2 3 4 5 6 7 8 9 10 1 2 3 4 5 6 7 8 9 10 1 2 3 4 5

1 2 3 4 5 6 7 8 9 10 1 2 3 4 5 6 7 8 9 10 1 2 3 4 5

1 2 3 4 5 6 7 8 9 10 1 2 3 4 5 6 7 8 9 10 1 2 3 4 5

1 2 3 4 5 6 7 8 9 10 1 2 3 4 5 6 7 8 9 10 1 2 3 4 5

1 2 3 4 5 6 7 8 9 10 1 2 3 4 5 6 7 8 9 10 1 2 3 4 5

1 2 3 4 5 6 7 8 9 10 1 2 3 4 5 6 7 8 9 10 1 2 3 4 5

s s s s s s s s s s s s s s s s s s s s s s s s s s s s s s s s s s s s s s s

t t t t t t t t t t t t t t t t t t t t t t t t t t t t t t t t t t t t t

u u u u u u u u u u u u u u u u u u u u u u u u u u u u u u u u u u u u u u

v v v v v v v v v v v v v v v v v v v v v v v v v v v v v v v v v v v

w w w w w w w w w w w w w w w w w w w w w w w w w w w w w w w w w w w

x x x x x x x x x x x x x x x x x x x x x x x x x x x x x x x x x

y y y y y y y y y y y y y y y y y y y y y y y y y y y y y y y y y y

g g g g g g g g g g g g g g g g g g g g g g g g g g g g g g g g g g g g g

12345678910123456789101 2345

12345678910123456789101 2345

12345678910123456789101 2345

12345678910123456789101 2345

12345678910123456789101 2345

12345678910123456789101 2345

12345678910123456789101 2345

12345678910123456789101 2345

12345678910123456789101 2345

XXXXXXXXXXXXXXXXXXXXXXXXXXXXXXXXXXXXXX

ttttttttttttttttttttttttttttttttttttttt

uu

rrrrrrrrrrrrrrrrrrrrrrrrrrrrrrrrrrrrrr

vvvvvvvvvvvvvvvvvvvvvvvvvvvvvvvvvvvvvvv

xxxxxxxxxxxxxxxxxxxxxxxxxxxxxxxxxxxxxxx

yyyyyyyyyyyyyyyyyyyyyyyyyyyyyyyyyyyyyyy

zzzzzzzzzzzzzzzzzzzzzzzzzzzzzzzzzzzzzzz

1 2 3 4 5 6 7 8 9 10 1 2 3 4 5 6 7 8 9 10 1 2 3 4 5

1 2 3 4 5 6 7 8 9 10 1 2 3 4 5 6 7 8 9 10 1 2 3 4 5

1 2 3 4 5 6 7 8 9 10 1 2 3 4 5 6 7 8 9 10 1 2 3 4 5

1 2 3 4 5 6 7 8 9 10 1 2 3 4 5 6 7 8 9 10 1 2 3 4 5

1 2 3 4 5 6 7 8 9 10 1 2 3 4 5 6 7 8 9 10 1 2 3 4 5

1 2 3 4 5 6 7 8 9 10 1 2 3 4 5 6 7 8 9 10 1 2 3 4 5

1 2 3 4 5 6 7 8 9 10 1 2 3 4 5 6 7 8 9 10 1 2 3 4 5

1 2 3 4 5 6 7 8 9 10 1 2 3 4 5 6 7 8 9 10 1 2 3 4 5

1 2 3 4 5 6 7 8 9 10 1 2 3 4 5 6 7 8 9 10 1 2 3 4 5

1 2 3 4 5 6 7 8 9 10 1 2 3 4 5 6 7 8 9 10 1 2 3 4 5

aaa

BBB

CCC

DDD

EEE

FFF

GGG

HHH

lll

JJJ

KKK

LLL

mmm

nnn

OOO

PPP

QQQ

RRR

AAA

BBB

CCC

DDD

EEE

FFF

GGG

HHH

III

JJJ

KKK

LLL

MMM

NNN

OOO

PPP

QQQ

RRR

aaa

BBB

CCC

DDD

EEE

FFF

GGG

HHH

lll

JJJ

KKK

LLL

mmm

nnn

OOO

PPP

QQQ

RRR

AAA

BBB

CCC

DDD

EEE

FFF

GGG

HHH

III

JJJ

KKK

LLL

MMM

NNN

OOO

PPP

QQQ

RRR

Aaa
Bbb
Ccc
Ddd
Eee
Fff
Ggg
Hhh
Iii
Jjj
Kkk
Lll
Mmm
Nnn
Ooo
Ppp
Qqq
Rrr

aaa

BBB

CCC

DDD

EEE

FFF

LLL

HHH

iii

jjj

KKK

LLL

mmm

nnn

OOO

PPP

QQQ

RRR

SSS

TTT

UUU

VVV

WWW

XXX

YYY

ZZZ

1234567 8910

1234567 8910

1234567 8910

1234567 8910

1234567 8910

1234567 8910

1234567 8910

1234567 8910

1234567 8910

s s s

T T T

u u u

v v v

w w w

x x x

y y y

z z z

1 2 3 4 5 6 7 8 9 10

1 2 3 4 5 6 7 8 9 10

1 2 3 4 5 6 7 8 9 10

1 2 3 4 5 6 7 8 9 10

1 2 3 4 5 6 7 8 9 10

1 2 3 4 5 6 7 8 9 10

1 2 3 4 5 6 7 8 9 10

1 2 3 4 5 6 7 8 9 10

1 2 3 4 5 6 7 8 9 10

1 2 3 4 5 6 7 8 9 10

Ss Ss Ss

Tt Tt Tt

Uu Uu Uu

Vv Vv Vv

Ww Ww Ww

Xx Xx Xx

Yy Yy Yy

Zz Zz Zz

1 2 3 4 5 6 7 8 9 10

1 2 3 4 5 6 7 8 9 10

1 2 3 4 5 6 7 8 9 10

1 2 3 4 5 6 7 8 9 10

1 2 3 4 5 6 7 8 9 10

1 2 3 4 5 6 7 8 9 10

1 2 3 4 5 6 7 8 9 10

1 2 3 4 5 6 7 8 9 10

1 2 3 4 5 6 7 8 9 10

1 2 3 4 5 6 7 8 9 10

SSS

TTT

UUU

VVV

WWW

XXX

yyy

ZZZ

1234567 8910

1234567 8910

1234567 8910

1234567 8910

1234567 8910

1234567 8910

1234567 8910

1234567 8910

1234567 8910

SSS

TTT

UUU

VVV

WWW

XXX

YYY

ZZZ

1 2 3 4 5 6 7 8 9 10

1 2 3 4 5 6 7 8 9 10

1 2 3 4 5 6 7 8 9 10

1 2 3 4 5 6 7 8 9 10

1 2 3 4 5 6 7 8 9 10

1 2 3 4 5 6 7 8 9 10

1 2 3 4 5 6 7 8 9 10

1 2 3 4 5 6 7 8 9 10

1 2 3 4 5 6 7 8 9 10

SSS

TTT

UUU

VVV

WWW

XXX

YYY

ZZZ

12345678910

12345678910

12345678910

12345678910

12345678910

12345678910

12345678910

12345678910

12345678910

12345678910

aaa

bbb

ccc

ddd

eee

fff

ggg

hhh

iii

jjj

kkk

lll

mmm

nnn

ooo

ppp

qqq

rrr

aaa

bbb

ccc

ddd

eee

fff

ggg

hhh

iii

jjj

kkk

lll

mmm

nnn

ooo

ppp

qqq

rrr

aaa

bbb

ccc

ddd

eee

fff

ggg

hhh

iii

jjj

kkk

lll

mmm

nnn

ooo

ppp

qqq

rrr

aaa

bbb

ccc

ddd

eee

fff

ggg

hhh

iii

jjj

kkk

lll

mmm

nnn

ooo

ppp

qqq

rrr

aaa

bbb

ccc

ddd

eee

fff

ggg

hhh

iii

jjj

kkk

lll

mmm

nnn

ooo

ppp

qqq

rrr

aaa

bbb

ccc

ddd

eee

fff

ggg

hhh

iii

jjj

kkk

lll

mmm

nnn

ooo

ppp

qqq

rrr

sss

ttt

uuuu

vvvv

wwww

xxxx

yyy

zzz

1234567810

1234567810

1234567810

1234567810

1234567810

1234567810

1234567810

1234567810

1234567810

1234567810

sss

ttt

uuuu

vvvv

wwww

xxx

yyy

zzz

1234567 8910

1234567 8910

1234567 8910

1234567 8910

1234567 8910

1234567 8910

1234567 8910

1234567 8910

1234567 8910

1234567 8910

sss

ttt

uuuu

uvuv

uuuuu

xxx

yyy

zzz
1234567810

1234567810

1234567810

1234567810

1234567810

1234567810

1234567810

1234567810

1234567810

1234567810

sss

ttt

uuu

vvv

wwww

xxx

yyy

zzz

1234567890

1234567890

1234567890

1234567890

1234567890

1234567890

1234567890

1234567890

1234567890

1234567890

sss

ttt

uuuu

vvvv

wwww

xxx

yyy

zzz

1234567891O

1234567891O

1234567891O

1234567891O

1234567891O

1234567891O

1234567891O

1234567891O

1234567891O

1234567891O

sss

ttt

uuuu

vvvv

wwww

xxx

yyy

zzz

1234567 8910

1234567 8910

1234567 8910

1234567 8910

1234567 8910

1234567 8910

1234567 8910

1234567 8910

1234567 8910

1234567 8910

Printed in Great Britain
by Amazon

44394182R00041